BOA
EDITIONS
LIMITED

The Clean Shirt of It

T0163947

No sonho a noite é muito clara.
(Lê por entre os murros, circunspecto.)

Há um canto. Alguém esboça um gesto
— mas não, não era esse o gesto, e o rosto
o tempo todo não é mais o mesmo.

Uma palavra: "asas"! A multidão
se acotovela ao redor de uma presença,
talvez um peso indizível ao estômago.

(Um dirigível mais pesado que o ar sobrevoa os transeúntes.)
Há um canto, sempre. Alguém aguarda uma resposta,
um gesto, que ainda não é este,
e o grito)

A vidraça na janela me estremece
e arde.
E vejo o dia, uma camisa limpa.

The Clean Shirt of It

Poems of Paulo Henriques Britto

*Translated from the Portuguese
by Idra Novey*

BOA Editions, Ltd. ❧ Rochester, NY ❧ 2007

First Edition

Publications by BOA Editions, Ltd.—a not-for-profit corporation under section 501
(c) (3) of the United States Internal Revenue Code—are made possible with the
assistance of grants from the Literature Program of the New York State Council
on the Arts; the Literature Program of the National Endowment for the Arts;
the County of Monroe, NY; the Lannan Foundation for support of the Lannan
Translations Selection Series; the Sonia Raiziss Giop Charitable Foundation; the
Mary S. Mulligan Charitable Trust; the Rochester Area Community Foundation;
the Arts & Cultural Council for Greater Rochester; the Steeple-Jack Fund; the
Elizabeth F. Cheney Foundation; the Chesonis Family Foundation; the Ames-
Amzalak Memorial Trust in memory of Henry Ames, Semon Amzalak and Dan
Amzalak; and contributions from many individuals nationwide.

Cover Design: Daphne Poulin-Stofer
Cover Photograph: "El Gran Castillo de Jagua Restaurant" by Carrie Thomas
Interior Design and Composition: Richard Foerster
BOA Logo: Mirko

Library of Congress Cataloging-in-Publication Data

Britto, Paulo Henriques.
  [Poems. English Selections]
  The clean shirt of it : poems of Paulo Henriques Britto / translated from the
Portuguese by Idra Novey.
     p. cm. - (Lannan translation series ; no. 10)
  Includes bibliographical references.
  ISBN 978-1-929918-93-5 (hardcover : alk. paper) — ISBN 978-1-929918-
94-2 (pbk. : alk. paper)
1. Britto, Paulo Henriques—Translations into English. I. Novey, Idra. II. Title.

PQ9698.12.R537A2 2007
869.1'42-dc22   2006030596

BOA Editions, Ltd.
A. Poulin, Jr., President & Founder (1938–1996)
250 N. Goodman Street, Suite 306
Rochester, NY 14607
www.boaeditions.org

Contents

III

Introduction

When asked in an interview how he saw himself among the different generations of writers and schools of poetry in Brazil, Britto said, "To be honest, I've never fit well in any one camp." Like the Greek philosopher Diogenes, Paulo Henriques Britto is very much a citizen of the world. His poetry speaks of the particulars of Brazil but also of a lifetime committed to the world of human thought that transcends the limits of a single nation or language.

Britto's aspiration to the Stoic notion of cosmopolitanism is evident throughout his poetry, and part of what makes it so distinctive. Born in Rio de Janeiro in 1951, Britto grew up in era of intense polarization. During the military dictatorship from 1964 to 1985, many young Brazilians strongly identified with either singer-songwriter Chico Buarque, hailed by the Old Left as an authentically Brazilian artist, or with Caetano Veloso, who was more influenced by American rock music. Britto, however, resisted aligning himself strictly with any one figure and had also long been drawn to music from abroad—an interest he nourished while in the United States for two years with his family in the early sixties.

It was during this short residence in the U.S. that Britto first developed an interest in poetry through reading Walt Whitman and Emily Dickinson. Later, after returning to Brazil, he began to immerse himself in modern poetry written in Portuguese and discovered that the divide palpable in Brazilian music was present in poetry as well. Again, Britto found himself drawn to components of both schools of poetry: to the Concrete poets with their methodical attention to visual layout and form, and also to the more spontaneous Mimeograph poets who wrote about drugs, rock music, and other aspects of popular culture.

Britto's unsettled position in Brazilian culture was further complicated by his emerging career as a literary translator. In 1975, in his late twenties, while pursuing a masters in linguistics at the Pontifícia Universidade Católica of Rio de Janeiro, he translated Noam Chomsky's *Rules and Representations*, and later Edmund Wilson's *To the Finland Station*. To his surprise, and to the delight of his publisher, Wilson's history of Socialist thought—long out of print in the United States—became a number one bestseller in Brazil.

Over the next thirty years, Britto went on to translate eighty books from English into Portuguese, including works from authors as widely ranging as Lord Byron, V.S. Naipaul, and Jack Kerouac. A number of the poets he translated, especially Wallace Stevens and Elizabeth Bishop, began to influence his own verse.

In the series, "Nine Variations on a Theme of Jim Morrison," Britto creates an odd, unexpected humor by juxtaposing imitations of his far-ranging literary and cultural influences, using Beethoven's Diabelli Variations as a model in composing a musical set of intentionally awkward and parodic variations. The American literary allusions in the series range from John Ashbery—whose poem "Variations, Calypso and Fugue on a Theme by Ella Wheeler Wilcox" inspired the title—to Elizabeth Bishop in section three.

From his own culture, Britto ends section two with an image of the samba-school floats used during Carnival parades and in section eight pokes fun at contemporary Brazilian anti-Modernist poets like Bruno Tolentino.

No other contemporary Brazilian poets write like Britto. At least not with such a keen sense of the relationship between form and content, of pop culture and high art. However, the artistry of Britto's poems is that a reader doesn't have to recognize the allusions to appreciate the freshness of the imagery and layered meanings suggested in his poems. The following stanza from section three of the Morrison poem is striking even without knowing that the caesuras in the middle of the lines were inspired by Britto's translation of Elizabeth Bishop's poem "O Breath":

Nothing like evening,	its mildewed dishcloths
mopping up smudges	of lingering light,
gathering the last	of the sun's stains
faint and half-washed	as blackboard erasures.

The onset of evening, its vibrant colors, is certainly not a new poetic subject. Yet Britto makes it new through his stunning imagery of dishcloths and half-washed blackboard erasures. His masterful use of form helps to highlight the metaphors, whether or not one recognizes the kinship between the caesuras here and in Bishop's poem.

Britto's exploration of this new poetic territory, both formal and worldly, and firmly resisting easy categorization, has been met with increasing attention and acclaim in Brazil. His third book received a prize from the Biblioteca Nacional, and his fourth collection of poems won one of Brazil's most prestigious awards, the Portugal Telecom Prize. Brazilian literary critic Vera Queiroz named Britto "one of the best poets of my generation."

Other critics have drawn attention to Britto's masterful and subtle use of political allegories. Britto never rants, but his poems often speak to political issues, both within Brazil and abroad. In the haunting dramatic monologue "Falange," he writes in the voice of a group of military officers. Though the title "Falange" is a reference to the official party of the Franco regime in its early years, the poem also resonates with the experience of military rule as Britto's generation experienced it in Brazil:

> Our arrival is gradual, discreet,
> but we're certain, as certain
> as six and seven make thirteen.
>
> The hour doubles itself, heightens
> as we drive past, ever smug
> and rounding up silences.

After evoking the Falange's cold, calculating approach to governing, Britto then subtly twists the screws in the following tercet:

> We're severe, as complete
> as six and two make zero.
> We don't have promises or feet.

The irony of this absurd mathematical miscalculation serves to highlight the absurdity of the fear tactics in the eerie portrait of political repression that precedes it. This unsettling turn to irony after an exploration of terror is one of the subtle strengths in Britto's lyrical poems, and one that makes his poetry rewarding to re-read again and again.

In other poems, Britto addresses the reality of living under dictatorship by drawing directly on his own experience. In "Paissandu Generation," a reference to Cine Paissandu, Rio de Janeiro's main independent movie theater in the late sixties and early seventies where left-leaning intellectuals would gather at night, Britto writes:

I came, like everyone
out of the dim room of infancy,
world of indecipherable anxieties,
of only desire and repulsion.
I grew with the usual hurry.

And got thirsty, like every youth,
in times of dry fascism.
So I didn't have a *pátria*, only LPs.

Once again, his poem returns to a lack of firm belonging to any one country or school of thought. Like the Stoics, Britto draws here, as in other poems, on an understanding of his local community made more complex by knowledge of the world beyond it. The link between those two worlds, and what gives momentum to the poem, is Britto's reverent attention to music, to sound and its power to captivate readers and hold them suspended, processing the full meaning of each turn of phrase.

In my translations, I tried to recreate the tremendous lyrical power of these poems. With Britto's guidance on which images or lines he felt were most important and which I could alter slightly in order to re-create the rhyme schemes and music in the original poems, I gradually developed, over several years, English versions of the poems that pleased us both.

In the meantime, Britto published his first book of prose, *Paraísos artificiais*, a collection of short stories he'd been working on for many years, and which, like his poetry, is striking in its subtle exploration of daily life and the uncertain territory that lies between easy affiliations. As he has for the past thirty years, Britto continues to teach at the Pontifícia Universidade Católica of Rio de Janeiro where he was once a student, working on poems for a new book and reading voraciously, putting "on the day / the clean shirt of it."

—Idra Novey

The Clean Shirt of It

I

Véspera

No trivial do sanduíche a morte aguarda.
Na esquiva escuridão da geladeira
dorme a sono solto, imersa em mostarda.

A hora é lerda. A casa sonha. A noite inteira
algo cricrila sem parar — insetos?
O abacaxi impera na fruteira,

recende esplêndido, desperdiçando espetos.
A lua bate o ponto e vai-se embora.
Mesmo os ladrilhos ficam todos pretos.

A geladeira treme. Mas ainda não é hora.
Se houvesse um gato, ele seria pardo.
A morte ainda demora. O dia tarda.

Prior Evening

Death waits in the insignificance of a plum tart.
In the remote darkness of the fridge,
it slumbers lightly, immersed in custard.

The hour is sluggish. The house sleeps unabridged.
All night something click-clicks—a beetle?
The pineapple reigns over the figs,

smelling exquisite, shedding thistles.
The moon clocks out and is gone.
The bricks are black just the same, and still.

The fridge rumbles, but the hour hasn't come.
If there were a cat, he'd be some sort of gray.
Death takes its time. Day lingers on.

Trompe l'œil

Os fracassos todos de uma existência,
quando cuidadosamente empilhados,
observada uma certa coerência,
parecem uma espécie de pirâmide
monumental — ainda que truncada,

talvez — desde que olhados à distância
no momento preciso em que os atinge
o sol do entardecer, formando um ângulo
cujo valor exato se obtém
com base no... mas não, é mais esfinge

que pirâmide, sim, pensando bem —
quer dizer, uma esfinge estilizada,
sugerida apenas, como convém
a um monumento, ou cenotáfio, ao nada.

Trompe l'œil

All the failures of an existence,
when meticulously compiled,
and given a certain coherence,
resemble a sort of pyramid—
monumental—though truncated,

maybe—when seen from a distance
at the precise moment the fading
sun reaches it, forming an angle
whose exact degree is obtained
based on the... but no, it's more sphinx

than pyramid, yes, on second thought—
I'd say rather a stylized sphinx,
barely suggested, as suited to
a monument, or cenotaph, to nothingness.

Scherzo

Ontem à noite, eu e você,
em plena cumplicidade
em vez de fechar as janelas
como todo mundo faz
deixamos as nossas abertas
só pra ver o que ia dar.

Deu nisso:
varreu as ruas um vento
saído de nossas janelas,
de dentro de nossas gavetas
onde nós há tanto tempo
guardávamos tempestades
pra algum dia especial
(que acabou sendo ontem).

O vento levou pedaços
de céu que atravancavam
nossos sóbrios conjugados;
enormes nuvens incômodas
rolaram janela afora
feito lerdos paquidermes
e se esparramaram a valer.

O ar fresco inesperado
de nossos apartamentos
causou transtornos na rua:
os transeuntes, coitados,
tossiam intoxicados
por excesso de oxigênio;
cambaleavam às tontas
pelas calçadas vazias.

Scherzo

Yesterday, at night,
you and I, fully complicit,
left our windows open
instead of closing them
as usual, just to see
what would happen.

And something did: a wind
swept the streets,
emerging from our windows,
from within our dreoocro
where, for some time,
we had stored tornadoes
for a special day (which turned out
to be yesterday).

The wind took up pieces of sky
that were obstructing
our meager studio apartments;
enormous uncomfortable clouds
rolled past the window
like lazy pachyderms
and sprawled out, unfettered.

The fresh unexpected air
from our apartments
caused any number
of disruptions on the street:
the poor pedestrians
grew intoxicated
from the excess of oxygen
and reeled, lightheaded,
about the empty walks.

Fui eu o primeiro a jogar
em baldes pela janela
a água clara que jorrava
de fontes desconhecidas
em áreas inexploradas
sob a cama e atrás do armário,
mas foi você quem soltou
do alto do oitavo andar
as primeiras plantas aquáticas,
os piexes, répteis e aves;

eu, porém, instituí
o pêlo e o viviparismo
dos mamíferos essenciais.

E como as ruas já estavam
inteiramente povoadas,
e como já os postes da Light
todos tinham evoluíd
em árvores colossais,

e como ainda não eram
nem três horas da manhã
e já estava terminado
o grosso da Criação,
descemos até a rua
em busca de um bar aberto.

No primeiro que encontramos
nossos milagres caseiros
eram o assunto geral;
e nós, sentos e incógnitos,
pedimos duas cervejas
e ficamos contemplando
sem espanto nem orgulho
a grama tenra e miúda
que brotava a nossos pés.

I was the first to start dumping
out the window
bucket after bucket of water
flowing from unknown sources
in unexplored regions
under the bed
and behind the dresser,
but it was you who let loose
up on the eighth floor
the first aquatic plants,
the fish, reptiles, and birds;

I, however, instituted fur
and the glandularity
of our essential mammals

And as the streets
were already paved,
and the light posts
had already evolved
into colossal trees,

and as it wasn't even three A.M. yet
and the bulk of creation
had already been completed,
we made our way to the street
in search of an open bar.

In the first one we found
our homespun miracles
were the topic du jour;
and we, thirsty and incognito,
asked for some beer,
and studied, with neither awe
nor pride, the minute
and delicate grass
sprouting at our feet.

Sete sonetos simétricos, VII

A escuridão começa pelas bordas
e vai seguindo até chegar ao centro,

lá onde uma semente aguarda a hora,
tranqüilamente, sem medo do escuro:
pois é da natureza das sementes

se afastar da luz, mergulhar no úmido,
sepultar-se por toda uma estação.
No entanto, neste caso a escuridão
é de outra espécie, mais seca e mais rasa,

uma que avança devagar e sempre,
alheia a qualquer propósito ou causa,
até só restar pedra sobre pedra.

Mas a semente espera. Ela é insistente,
e acerta mesmo sem saber que erra.

Undergrowth

Darkness begins at the edges,
inches toward the center,

where a seed waits for its hour,
at ease, with no fear of the dark,
as it is the nature of the seed

to keep from light, creep
toward moisture, inter itself for the entirety
of a season. Though in this case
darkness is of a drier, flatter sort,

one that comes on slowly and always,
alien to any purpose or cause,
till what remains is only stone upon stone.

Yet the seed waits, insistent.
And even mistaken, gets it right.

Falange

Chegamos aos poucos, discretos,
mas somos certos, tão certos
como dois e cinco e sete.

A hora se dobra sobre nós
quando passamos soberbos,
arrebanhando silêncios.

Somos severos, completos,
como seis e dois e zero.
Não temos mãos nem promessas.

Quando vimos, é para sempre.
Chegamos abastecidos.
Não fale. Não seja. Não tente.

Falange

Our arrival is gradual, discreet,
but we're certain, as certain
as six and seven make thirteen.

The hour doubles itself, heightens
as we drive past, ever smug
and rounding up silences.

We're severe, as complete
as six and two make zero.
We don't have promises or feet

When we come, it is for always.
We arrive fully stocked.
Don't talk. Don't be. Don't try it.

Elogio do mal

I
A uma certa distância
todas as formas são boas.
Em cada coisa, um desvão;
em cada desvão não há nada.

À mão direita, a explicação
perfeita das coisas. À esquerda,
a certeza do inútil de tudo.
Ter duas mãos é muito pouco.

Por isso, por isso os nomes,
os nomes que embebem o mundo,
e os verbos se fazem carne,
os adjetivos bárbaros.

II
O mundo se gasta aus poucos.
A coisa se basta a si mesma,
mas não basta ao que pensa
um mundo atulhado de coisas

que se apagam sem pudor,
que se deizam dissipar
como quem não quer nada.
Existir é muito pouco.

Por isso, por isso os nomes,
os nomes se engastam nas coisas
e sugam o sangue de tudo
e sobrevivem ao bagaço

In Praise of Evil

I
At a certain distance
all shapes are pleasant.
In every object: a dark nook.
In every nook: an emptiness.

In your right hand, a perfect
explanation for any occasion. In the left,
a belief in the futility of everything.
To have two hands is so little.

For this, for this we have names,
names that absorb the world,
verbs that become flesh,
and adjectives barbarous.

II
The world wears out gradually.
A thing is enough for itself
but not for one who thinks, resists
a world crammed with objects

that expire with no sense of modesty,
let themselves dissipate
like a man who seeks nothing.
To exist is so little.

For this, for this we have names,
names that mount themselves upon things
and bleed them dry, outlive
even the remaining pulp,

e nega a tudo o direito
de só durar o que é duro,
e roubam do mundo a paz
de não querer dizer nada.

III
Bendita a boca,
essa ferida funda e má.

and deny the fixed rule
that only the durable should endure
and rob the world of that peace
of having no meaning, no desire to speak.

III
Blessed be the mouth,
that deep and evil wound.

Teogonia

O que vejo em teu corpo descoberto
é mais ou menos o que sei do meu:
aquela maciez enganadora
das futas doces de caroço duro,
de tudo o mais. Mas sei (ou adivinho)
que atrás da pele, além das samambaias
grosseiras do visível, ali se arvora
o travo opaco do real, amêndoa
seca de ser. Comer seria fácil
(ainda que amargo) não fosse esse verniz
viscoso que embaça minha vista,
que te reveste o corpo feito carne
e que transforma as coisas num desejo
úmido de morder. Daí os deuses.

Theogony

What I see in your uncovered body
is more or less what I know of mine:
the deceiving softness of sweet fruits
with their hard pits, of all things,
and more. But I know (or guess)
that past the skin, beyond the crude
ferns of the visible, the opaque
bitterness of the real embeds itself,
the dry almond of being. Eating
would be easy (though acrid)
if it weren't for the varnish
that clouds my view, covers the body
made flesh, transforming every thought
into a damp desire to bite.
                         And so the gods.

Três epifanias triviais, III

O hábito de estar aqui agora
aos poucos substitui a compulsão
de ser o tempo todo alguém ou algo.

Um belo dia — por algum motivo
é sempre dia claro nesses casos —
você abre a janela, ou abre um pote

de pêssegos em calda, ou mesmo um livro
que nunca há de ser lido até o fim
e então a idéia irrompe, clara e nítida:

É necessário? Não. Será possível?
De modo algum. Ao menos dá prazer?
Será prazer essa exigência cega

a latejar na mente o tempo todo?
Então por quê?
                          E neste exato instante
você por fim entende, e refestela-se

a valer nessa poltrona, a mais cômoda
da casa, e pensa sem rancor:
Perdi o dia, mas ganhei o mundo.

(Mesmo que seja por trinta segundos.)

Minor Epiphany

The habit of being here now
slowly replaces the compulsion
of being somebody, or something, all the time.

One fine day—for some reason
the sun's always out on such occasions—
you open a window, or a can

of cling peaches, or even a book
that will never be read through
and the idea comes to you, lucid·

Is it necessary? No. Is it plausible?
Unlikely. Will it at least give pleasure?
Is it pleasure, this blind need

insistently throbbing in your mind?
Why, then?
                And in that very instant
you finally understand, and stretch out

in this armchair, the most comfortable
in the house, and think, without regret:
I lost the day, but gained the world.

(If only for thirty-five seconds.)

Bonbonnière

I
A seletividade da memória —
a cor exata da pele, a textura,
o odor de cada côncavo e orifício,
o lábio, a língua, o dente, o plexo

solar, a sola do pé, o suor e a
saliva, a coxa arisca, a dobra escura,
o beijo salobro, o sabor difícil,
a carne assombrada, o esperma perplexo

— falsa perfeição, mero artifício
do tempo, a desmaiar todos os tons
do que destoaria do desejo

como um menino a retirar sem pejo
da caixa que lhe deram os bombons
de que ele abre mão sem nenhum sacrifício.

II
Aquela lua era falsa,
cenário de fancaria.
(Foi mentiroso o passado
ou a memória mentiria?)

A noite era puro engodo,
mero efeito Sherwin-Williams.
(Talvez o mundo e sua máquina
de suspeitas maravilhas,

Bonbonnière

I
The selectivity of memory—
the exact shade of skin, its texture,
the smell of every curve and orifice,
of lip, tongue, tooth, solar plexus,

sole of the foot, trickle of sweat,
of saliva, furtive fold of thigh,
brackish kiss, difficult taste,
skin surprised, sperm perplexed.

A false perfection, a mere artifice
of time, eliminating any tone
that conflicts with desire—

as a small boy, given an entire
box of bonbons, relinquishes those
he can spare without sacrifice.

II
That moon was false,
just shoddy stage setting.
(Was the past full of lies,
or was it just memory, fibbing?)

A night of pure trickery,
mere Sherwin-Williams effect.
(the world and its machinery
of mercurial wonders,

marzipãs inconfessáveis
e licores traiçoeiros
seja um mecanismo fácil,
um simples truque de espelhos.)

Aquele beijo tão fundo —
que outra boca ainda o sente?
(Do amor, é claro, só resta
o que ficou entre os dentes.)

III
Só não dói mais porque não é preciso.
Se fosse o caso, a dor era pior.
Não há nada nisso de extraordinário:

A natureza odeia o desperdício,
tal como o vácuo. Sem tirar nem pôr.
É exatamente a conta necessária,

até que alguma solução se encontre.
O que aliás não acontece nunca.
E isso também é natural. No entanto
há sempre um tralalá, um deus, um bálsamo

pra não perder a esperança e o bonde:
A caixa de bombons. A Marcha Húngara
de Liszt. Ou Brahms. Um dos dois. Ou não. Tanto
faz. A dor continua. Hoje é sábado.

IV
Remorso manso, sem dentes,
do já vivido e apagado.

unutterable marzipans
with their treacherous liqueurs,
may be a simple mechanism,
a minor trick with mirrors.)

What other mouth still recalls
that kiss—how it tasted, how deep.
(Of love, all that remains
is what's left between the teeth.)

III
It hurts this much because that's what is needed.
If necessary, the ache would be worse.
There's nothing extraordinary about it:

nature loathes waste, anything exceeded,
as it does a void, with nothing in its purse.
It's always the exact amount and fit,

unless some solution is found.
Which may never happen, and this
is also natural, though of course
there's always a little music and flattery—

so as not to lose hope—or drown.
And a box of bonbons. Hungarian March by Liszt
or Brahms. One or the other, or
not. The ache goes on. It's Saturday.

IV
Remorse, docile and toothless,
over the already lived and extinguished.

Aquele instante, aquele quarto
de hora, aquele desejo indecifrável,
decifrado, é claro, quando já não mais nada.

As mãos esperam, mudas.
E o telefone, gordo como um rei.
A vida não quis esperar.

Memória,
mãe amorosa de todas as mortes.

That instant, that quarter
of an hour, that indecipherable desire
deciphered, of course, now that it's gone.

The hands wait, dumb.
And the telephone, fat like a king.
Life refused to wait.

Memory,
doting mother of all deaths.

Concerto campestre

O tocador de tuba
arranca uma música grossa e suja
dos intestinos do metal.

As árvores, alheias, se arrepiam todas
Ante esse ronco duro e gutural. (Tão verdes, elas.)
O céu, azul, perfeitamente limpo
e natural, com um gesto brusco de ombros
repele as notas roucas, que mal levantam vôo
e se esborracham no chão, gordos
urubus atingidos em pleno ar.

Indiferente, o tocador de tuba pára e cospe
e continua a tocar.

Pastoral

The tuba player
wrings a grimy and crusted music
from the intestines of the metal.

The trees, unaccustomed, all shiver
at the guttural sound. (So virginal are they.)
With the brusque gesture of its shoulders,
the sky, blue and perfectly clean, repels
the hoarse notes lifting weakly
into flight, and the notes
crash, corpulent
vultures struck from the air.

Indifferent, the tuba player stops, spits,
and plays on.

II

Dez sonetóides mancos, V

Nada não leva a nada. Mesmo ficar quieto
no quarto, feito um Pascal, calado e nu,
terá algum efeito mensurável

na Tanzânia, talvez, ou na Lapônia,
tal qual o bater de asas de um lepidóptero
proverbial e irreprimível, no Peru,

provoca um maremoto em Bornéu
ou abate em Manitoba um helicóptero.

E assim tornamo-nos, senão irmãos, leitor hipócrita,
ao menos cúmplices, você e eu.

Quasi-Sonnet

There is nothing that leads to nothing.
Even to sit in a room, quiet and nude
as Blaise Pascal, will have some effect

on Tanzania maybe, or on New Guinea,
just as the beating wings of a lepidopter—
according to the proverb about butterflies in Peru—

could incite a tidal wave in Shanghai,
or knock down an Iraqi helicopter.

And so we become ourselves, *hypocrite lecteur*,
at the very least accomplices, you and I.

Geração Paissandu

Vim, como todo mundo,
do quarto escuro da infância,
mundo de coisas e ânsias indecifráveis,
de só desejo e repulsa.
Cresci coma presse de sempre.

Fui jovem, com a sede de todos,
em tempo de seco fascismo.
Por isso não tive pátria, só discos.
Amei, como todos pensam.
Troquei carícias cegas nos cinemas,
li todos os livros, acreditei
em quase tudo por ao menos um minuto,
provei do que pintou, adolesci.

Vi tudo que vi, entendi como pude.
Depois, como de direito,
Endureci. Agora a minha boca
não arde tanto de sede.
As minhas mãos é que coçam—
vontade de destilar
depressa, antes que esfrie,
esse caldo morno da vida.

Paissandu Generation

I came, like everyone
out of the dim room of infancy,
world of indecipherable anxieties,
of only desire and repulsion.
I grew with the usual hurry.

And got thirsty, like every youth,
in times of dry fascism.
So I didn't have a *pátria*, only LPs.
I fell in love, as everyone thinks he has,
exchanged groping caresses
in the movie theater, read every book, believed
in almost everything for at least a minute,
tried what was available, as is the nature
of adolescence.

I saw all I saw, understood
as best I could. Afterward, I paid my dues,
hardened. Now my mouth
doesn't grow raw from thirst.
It's my hands that itch—
wanting to distill
quickly, before it cools,
this tepid soup of life.

Cine Paissandu was Rio's principal independent movie theater in the late
sixties and early seventies, a meeting place for young, left-leaning intel-
lectuals.

Sete sonetos simétricos, I

Em torno de uma mesa sem toalha
a discutir a difícil questão:

por que todo argumento sempre encalha
quando se tenta explicar a certeza
que inspira o que dispensa explicação.

Constrangimento geral nesta mesa.
Alguém pigarreia. Ninguém se atreva a
dizer palavra que pareça previa-
mente pensada pra causar surpresa.

Quem sabe a coisa não tem solução.
Não será este silêncio, talvez, a
resposta final? Mas algo atrapalha

o silêncio, impede a concentração
total. Talvez a falta de toalha.

A Group of Us

Around the table, wide and uncovered,
to discuss a difficult question:

why all arguments get smothered
when trying to explain a conviction, a thought
inspired by what requires no explanation.

General unease among this lot.
Someone swallows. No one utters
a word, fearing it will sound overwrought
and intended to shock.

Who knows, maybe it has no resolution.
This silence then, might it not
be the answer after all? Yet something troubles

the quiet, impedes concentration—
maybe the table, still wide, and uncovered.

Fábula sem moral

Cumpridas as ordens divinas
os maias se afastam em silêncio.
Mas o deus não ficou satisfeito.
Os sacrifícios, as oferendas todas
só conseguiram aborrecê-lo ainda mais.

Os maias (ou astecas) se detêm a uma distância respeitosa,
Consultam os instrumentos que ainda não tiveram tempo de inventar.
Toda sua ciência se desacreditou agora.
O ídolo, estrangeiro, não lhes dá respostas
(ele próprio é a negação de uma resposta).
Os astecas, técnicos, calam a pergunta milenar.

O ídolo (sioux, ou tupi), de boca escancarada,
parece gritar uma denúncia muda
que ninguém ouve (ou quer ouvir).
Os maias, ou astecas—talvez incas—se debruçam sóbrios

sobre as maquetes e diagramas,
tentando entender o que fizeram de errado.
(Apesar de já saberem.) O deus boceja, entediado, absoluto.

Fable Without a Moral

Having fulfilled the god's orders,
the Mayans step back in silence.
But the god isn't satisfied.
The sacrifices, all the offerings
only succeed in annoying him more.

The Mayans (or Aztecs) remain at a respectful distance,
checking the instruments they haven't had time to invent yet,
all of their science discredited now.
The idol, the stranger, gives them no answers
(as he himself is the refusal of an answer)
The Aztecs, technically inclined, quell their ancient question.

The idol (Sioux or Tupi), mouth open wide,
seems to shout a mute accusation
that no one hears (or cares to hear).
The Mayans, or Aztecs—maybe Incas—hover, restrained,
over the scale models and diagrams,
trying to understand where they went wrong.
(Though they already know.) The god yawns, bored, absolute.

Dez exercícios para os cincos dedos

I
Por exemplo: um homem numa cadeira,
sentado, imóvel, sem razão.
E quando ele se mexe de repente
não há nada que se explique nem se entenda.
O movimento é apenas natural.

(Mas talvez a imagem não esteja inteira.
Pode haver algo no bolso, ou na mão.
O que fica mais ou menos evidente
amanhã – a foto, com legenda
e tudo, ali num canto de jornal.)

II
As lagostas cegas do ódio
saem sempre à mesma hora, em fila única,
da caverna inabitável onde moram.
Tenham medo delas. E pena, também:
nem mesmo olhos as coitadas têm.

(Um dia, num lugar inacessível,
havia luzes, vozes, sensações
vívidas e indestrutíveis, como os plásticos.
Doía, e muito, e era bom demais.)
Favor não dar comida aos animais.

Five-Finger Exercises

I
For example: a man in a chair,
sitting, motionless, for no reason.
And when every so often he stirs,
there's nothing to explain the action.
An occasional movement's only natural.

(The image reveals just part of what's there.
Maybe something's in his pocket, or his hand.
That's what seems more or less clear
tomorrow morning: the photo, with a caption
and everything, in the newspaper, factual.)

II
The blind lobsters of hatred
come out at the same hour in a single line
from the uninhabitable cave where they live.
It's best to fear them. And pity:
they're just as fearful, the poor things.

(At one point, in an unreachable place,
there were lights, voices, and feelings
vivid and indestructible as plastic.
It was excruciating, yet good somehow.)
Please don't feed the animals.

III
Um alaúde monstruoso
canta o tempo todo a mesma canção:
Não há nada, nada, nada,
nada além deste refrão
que não diz nada, diz nada.

É o som da sedução,
o tom balsâmico das coisas puras
que não têm sangue, suor, nem cuspe.
Quem acredita em alaúdes monstruosos
que se cuide.

IV
Nem o tempo e seu assédio
nem o cálculo frio dos sentimentos
nem a lâmina rombuda do tédio
nem o corpo e seus humores vários
e suas untuosas exigências

— nada pode aplacar a paixão
que não recua ante o supremo horror
de serem as coisas tudo e só o que são.
A pele é fina, a carne é permeável.
É duro o amor.

V
Pressa de páginas,
avidez de dedos que atravancam
o espaço exíguo entre o sonho e o osso
com uma epopéia ínfima em preto
e branco, perna e perna e outra perna,
espécie de centopéia de letras,
ou lagarta, que se arrasta até chegar
à borboleta com seu epitáfio:
recado dado, todo dizível dito,
cala, caneta.

III
A monstrous lute
plays the same song all the time:
There's nothing, nothing, nothing
nothing beyond this refrain
which says nothing. Says nothing.

It is the sound of seduction,
the soothing timbre of things
which are pure and yield no blood,
no sweat, no saliva. Whoever believes
in monstrous lutes, be wary.

IV
Not even time and its tenacity
not the cold calculation of feelings
or the blunt blade of boredom
or the body with its various humors
and its viscous, oily secretions

—nothing can subdue a passion
that won't recoil at the absolute horror
that things are all, and only,
what they are. Skin is delicate,
flesh permeable. Love—impervious.

V
Haste of pages,
eagerness of fingers encumbering
the scant space between dreaming
and bone, its meager epic in black
and white, leg after leg, and another leg,
a kind of centipede of letters,
or caterpillar, that clambers
till it turns to butterfly, its epitaph:
message conferred, all that's sayable said;
stop, pencil. Rest.

Noites brancas

Há algum tempo coleciono cadáveres.
Minhas gavetas não têm mais lugar.

Eu curto o prazer meio besta
dos numismatas e taxidermistas.
Meus mortos gozam a eternidade postiça
dos bálsamos e etiquetas.

E assim convivemos todos
na mais perfeita urbanidade
nesse apartamento igualzinho
a qualquer outro da cidade.

White Nights

For some time I've collected cadavers.
My cabinets have no more room left.

It's an indulgence of mine, the mindless
pleasure of taxidermists and stamp collectors.
My dead enjoy a spurious eternity,
replete with balms and proper labels.

And so we go on together
with the most perfect urbanity
in this standard apartment, same
as any other in the city.

O encantador de serpentes

Por entre as linhas incautas da leitura
idéia insidiosa se insinua,

como se sugerisse um outro texto
mais vivo, extremo, e verdadeiro

de uma verdade esguia e peçonhenta
a recobrir de visgo tua página

já quase impenetrável —
                              felizmente

resta o recurso derradeiro:
Pára. Volta atrás. Faz do palimpsesto

papel vulgar. Agora continua,
retoma a doce flauta da literatura.

Snake Charmer

Between the unsuspecting lines of story,
an insidious idea insinuates itself,

as if to suggest another text,
more alive, radical, and honest,

about a slender, venomous truth
beneath the thickly covered paper

and almost impenetrable now—
                    fortunately,

a final recourse remains:
to stop, turn back. Make common paper

of palimpsest. Now continue,
pick up the sweet flute of literature.

O funâmbulo

Entre a palavra e a coisa
o salto sobre o nada.

Em torno da palavra
muitas camadas de sonho.
Uma cebola. Um átomo.
Uma cebola ávida.
Entre uma e outra camada
nada.

Saltam sobre o abismo,
tomam o vazio de assalto.
De píncaro a píncaro
projetam-se, impávidas,
epifânicas, esdrúxulas,
teimosas e dançarinas.

O salto é uma dança,
a teima é uma doença.
Em torno da cebola
o ar é tenso de lágrimas.

Acrobat

Between the word and the thing
a leap over nothing.

Around the word
the myriad layers of dreams.
An onion. An atom.
A ravenous onion.
Between one layer and another
nothing.

The layers leap over the void,
take the hollows by force.
Project themselves
from pinnacle to pinnacle, intrepid,
tremulous, odd, fanciful,
and stubborn.

Their leap is a dance,
their insistence an anguish.
Around the onion the air
is fraught with trepidation.

Vilegiatura

Munidos de maçãs, lápis e fósforos,
conquistaremos Nínive amanhã,
se não der praia e a noite for de sono.
Porque afinal os dias são dourados
e tudo é matinal nessa estação
de água fresca, madrigais e cópulas.

São tantas mãos e bocas, tantas cópulas,
tantas razões de se riscar um fósforo,
é tão horizontal essa estação,
que é puro engodo a idéia do amanhã.
E por que não beber o sol dourado
enquanto não nos sobrevém o sono?

Idéias sussurradas pelo sono,
pela sofreguidão de muitas cópulas.
Enquanto isso, Nínive dourada
aguarda a combustão de nossos fósforos
ao primeiro suspiro da manhã.
Rechacemos o torpor da estação

(e como é modorrenta essa estação,
tempo de bandolins, maçãs e sono!)
e vamos nus, na bruma da manhã,
buscar a glória, traduzida em cópulas,
claustros, tributos, castiçais e fósforos,
caixas de música e ídolos dourados.

Tomaremos a cidade dourada
na hora derradeira da estação,
quando já não restar nem mais um fósforo,
uma gota de sol, de céu, de sono.
A entrada triunfal será uma cópula
na imensidão da última manhã.

Bacchanal

Armed with pencils, apples, and matches,
we'll conquer all of Nineveh in the morning—
unless it's a beach day, or we've had no sleep.
At this point there's no day that isn't golden,
every hour is like matins in this season
of cool water, madrigals, and sex.

So many mouths, hands, chances for sex,
so many reasons to light a match;
in such a horizontal season,
what a fantasy our idea for morning
Why not drink it directly, the sun's gold,
before we're overtaken by sleep?

These ideas murmured from lack of sleep,
distracted by hunger for this much sex...
In the meantime, Nineveh, golden,
awaits combustion from our matches
upon the first breath of morning.
We reject the torpor of the season

(being such an indolent, bacchic season
of mandolins, apples, and sleep)
and go naked in the haze of morning
searching out glory, translated into sex,
candlesticks, spoils, and matches,
music boxes and idols made of gold.

We'll capture the city, golden
in the final hour of the season,
when nothing remains, not a match,
a drop of sun, of sky, of sleep.
Our final entrance: all-out sex
in the grandeur of the last morning.

Quando acordarmos, já será amanhã,
os olhos turvos de sonhos dourados,
as peles mornas recendendo a cópulas,
bagagens esquecidas na estação,
jornais, explicações, ressaca e sono,
um alvoroço de café e fósforos.

Os fósforos primeiros da manhã
riscam o sono e o sonho do Eldorado.
Dessa estação só vão restar as cópulas.

When we recall it, it's already morning,
eyes cloudy from dreams tinted gold,
skin tepid with the scent of recent sex,
bags forgotten in the station, the season
swept of explanations, vestiges of sleep,
leaving a mess of coffee and matches.

Then the urgent first matches of morning
will erase all trace of sleep and pillaged gold.
Of this season nothing will remain but the sex.

Gênese

o mundo começa nos olhos,
se alasta pelo rosto, desce o peito
e o dorso, ocupa o ventre, invade
as pernas o os braços, e
termina na ponta dos dedos.

o mundo começa pelos olhos
d' água, se espalha entre as pedras,
é disperso pelo vento, sobe aos ares,
penetra as profundezas da terra, e se
consome no fogo.

o mundo começa como um olho
aberto, sem pálpebras nem cílios,
só íris e pupila, imerso
numa órbita profunda, onde resvala
e some num piscar de olhos.

Genesis

the world begins in the eyes,
spreads across the face, down the chest
and back, fills the abdomen,
assails the legs and arms, and ends
at the fingertips

the world begins with the eye
of a hurricane, trickles between rocks,
sprays with the wind, the air,
seeps into layers of the earth,
and is consumed by fire

the world begins like an eye
open, without lashes or lid,
only iris and pupil, sunk
in a deep orbit, where it slides
and disappears in the blink of an eye

História natural

Primeira pessoa do singular:
a forma exata da sombra difusa.
Quem fala sou sempre eu a falar.
A máscara é sempre de quem a usa.

No entanto, é preciso dizer-se — mesmo
que a moda agora mande (e a moda manda,
e muito) acreditar que o eu é o esmo,
o virtual, o quase extinto, o panda

desgracioso da história do Ocidente,
a devorar o alimento cru
que já não sabe como digerir.

Leitor amigo: pára. Pensa. Sente.
Conheces bem o gosto do bambu,
o ardor nas entranhas. Tenta não rir.

Natural History

First person singular:
the form of a shadowy figure diffused.
No matter who speaks, the voice is familiar.
A mask belongs to whoever uses it.

Still, one must speak for the self—even if
current fashion demands (and how
it demands!) one believe the self is
random, virtual, near-extinct, a panda,

lumbering figure of Western history,
that goes on devouring a food
it no longer knows how to digest.

Dear reader: stop, think. Consider it:
you know the pleasure of bamboo,
burning in the entrails. O postmodern subject.

Acalanto

Noite após noite, exaustos, lado a lado,
digerindo o dia, além das palavras
e aquém do sono, nos simplificamos,

despidos de projetos e passados,
fartos de voz e verticalidade,
contentes de ser só corpos na cama;

e o mais das vezes, antes do mergulho
na morte corriqueira e provisória
de uma dormida, nos satisfazemos

em constatar, com uma ponta de orgulho,
a cotidiana e mínima vitória:
mais uma noite a dois, e um dia a menos.

E cada mundo apaga seus contornos
no aconchego de um outro corpo morno.

Lullaby

Night after night, exhausted,
digesting the day, past words
and this side of sleep, we lie simplified,

stripped of past lives and projects,
weary of voices and verticals,
relieved to be only bodies side by side;

and more often than not, before diving
into the provisional common death
of sleep, we nuzzle up, content

to tell each other, rather proudly,
of our minor, prosaic feats:
another day spent, another night together.

And each world erases its margins
in the embrace of another body.

III

Dois noturnos, II

No sonho a noite é muito clara.
(Lá fora estalam os móveis, circunspectos.)

Há uma carta. Alguém esboça um gesto
— mas não, não era esse o gesto, e o rosto
o tempo todo não é mais o mesmo.

Uma palavra: "asas". A multidão
se acotovela ao redor de uma presença,
talvez um peso indigerível no estômago.

(Um dirigível mais pesado que o ar sobrevoa os travesseiros.)
Há uma carta, sempre. Alguém aguarda uma resposta,
um gesto, que ainda não é este,
e o grito.)

A vidraça na janela me estremece
e acorda.
E visto o dia, uma camisa limpa.

Nocturne

In sleep, the night grows clear.
(Outside, the furniture creaks, circumspect.)

There is a letter. Somebody makes a gesture
—but no, this wasn't the gesture, and the face
opposite is no longer what it was.

A word: "wings." And a crowd
jostles around a presence, an indigestible lump,
perhaps, in the stomach.

(A heavier-than-air dirigible soars over the pillows.
There is a letter, always. Somebody expects a reply,
a gesture, which isn't this,
and then a shout.)

The pane of the window jolts me
and awakens.
I put on the day, the clean shirt of it.

No alto

I
Também o mundo não cabe
no espaço estreito entre as beiras
que lhe foram concedidas.

Todas as coisas extravasam as bordas.
(Daí a angústia tensa das poltronas,
o choro envergonhado das torneiras.)

Nem só você, poeta, se ressente
da mesquinhez dos demiurgos todos.
Também os deuses escrevem linhas tortas.

No entanto, há que tentar. Exemplo:
"A noite é um alforje negro."
Alforje, não. Talvez alfanje?

Também não. Sobra sempre. Isso cansa.
E a noite, definitivamente,
não é mais uma criança.

II
Cuidado, poeta: o tempo engorda a alma.
Depois de um certo número de páginas
anjos não pousam mais nas entrelinhas.
E até a lucidez, essa moderna,
também se gasta, como qualquer moeda.

O ter o que dizer é jogo arriscado,
não se resolve com um só lance de dados.
Não basta a precisão do gesto apenas.
O gesto mais felino é quase nada
sem o lastro da existência, essa cansada,

On High

I
Even the world doesn't fit
within the slender space
consigned to it.

All things overflow their borders.
(And so the taut angst of armchairs,
the ashamed cry of faucets.)

Not only you, poet, suffer from
the stingy work of demiurges.
Even the gods write twisted lines.

Still, one has to attempt. For instance:
"Night is a deep backpack."
No, not backpack. Maybe bat cave?

Not that either. Far too wild,
too tiresome, again. And the night,
plainly, is no longer a child.

II
Careful, poet: time fattens the soul.
After a certain number of pages
angels no longer rise between the lines.
And even reason, that modern thing
wears out as well, like any coin.

Having a meaning is a risky game,
and can't be resolved in a single dice throw.
The precision of a gesture alone isn't enough.
Even the most catlike movement is nothing
without the ballast of existence, that

com sua textura por demais espessa
pra transpassar a tímida peneira
da pálida poesia, essa antiga.
O tempo é escasso. O dicionário é gordo.
Cuidado: todo silêncio é pouco.

tired thing, with its texture too thick
to pass through the timid sieve
of pale poetry, that ancient thing.
Time is scarce. The dictionary is fat.
Careful: no silence is ever enough.

Para não ser lido

Não acredite nas palavras,
nem mesmo nestas,
principalmente nestas.

Não há crime pior
que o prometido
e cometido.

Não há fala
que negue
o que cala.

Not to Be Read

Don't believe in words,
not even these,
especially not these.

There is no worse crime
than what is promised
and committed.

And nothing spoken
can deny
what it leaves unsaid.

Nove variações sobre um tema de Jim Morrison

I
A tarde devora o dia
que já estrebucha entre nuvens.
É noite.

Manhã engole essa noite
encaroçada de estrelas.
É dia.

II
O dia levanta a cabeça
num gargarejo fatal:
a tarde lhe rasga a carótida.
Noite.

A noite segrega projetos
de mundos magros, sem cor.
E vem o dia com seu préstito:
manhã.

III
Nada como a tarde,   trapos encardidos
enxugando os restos   de uma luz já suja,
recolhendo as manchas   de sol desmaiado
com a complacência   de um apagador.

Nada como a manhã,   com seus dedos de feltro,
flanelas metafóricas   de pura indiferença,
a estender sobre o escuro   a realidade plena
de um dia ainda há pouco   de todo inconcebível.

Nine Variations on a Theme of Jim Morrison

You know the day destroys the night
Night divides the day

I

Evening devours the day
already floundering among the clouds.
É noite.

Morning swallows the night
lumpy with stars.
É dia.

II

Day lifts its head,
gargles and chokes;
evening goes for the jugular:
noite.

Night excretes its plans
for meager colorless worlds
till day comes with its carnival floats:
manhã.

III

Nothing like evening,   its mildewed dishcloths
mopping up smudges   of lingering light,
gathering the last   of the sun's stains
faint and half-washed   as blackboard erasures.

Nothing like morning,   with its felt fingers,
flannel metaphors   of pure indifference,
extending over the dark   another reality
inconceivable   only hours before.

IV

Por que é que essa tarde desmancha e desmaia e
sufoca o que o dia erigiu por um triz?

Por que é que a manhã com esse estrépito todo
dissipa o que a noite a tal custo ajuntou?

V

Boçalidade da tarde:
porque afinal o dia custou tanto
a se investir, a instalar no teto
a gambiarra cara e trabalhosa
do sol, a despejar anil no céu
como um tintureiro alucinado.

Artimanhas da manhã:
despipocar todo o lençol da noite
e detonar tantos penduricalhos
de luz laboriosamente espetados
e acendidos um por um, com desvelos
obsessivos de monomaníaco.

VI

Manhã, que nunca pensas duas vezes
antes de atamancar com tua fórmica
banal a tapeçaria da noite,
como és enorme!

Ó tarde, que tens a desfaçatez
suprema de garrotear sem pejo
o pescoço fino e alvo do dia:
como te invejo!

IV
Why is it that night will shrivel and strangle
what day erected by a hair's breadth?

Why is it that morning's consummate noise
will squander what evening gathered at all cost?

V
The savagery of evening:
because day required so much
to finally establish itself, to hang
the worn electric cord of the sun,
and pour a blue for the sky
like a delirious painter.

The cunning of morning:
to smooth out the crinkled sheet of night
smashing all its bright trinkets
laboriously pricked and plugged in,
one by one, with obsessive
monomaniacal care.

VI
O morning, who never thinkest twice
before ruining the lovely tapestry of night
with the banality of thy Formica:
thou risest so mightily!

O evening, what dashing nerve
to sidle in unabashed and hack
the delicate white neck of day:
how I envy thee!

VII
A cara desta tarde
é muda e austera, cara de quem
assiste, não de muito perto, à morte
prolongada e silenciosa de alguém
que não conhece, e nem
deseja conhecer.

O rosto da manhã
é o rosto frio e indecifrável
de quem contempla apático a morte
de alguém desconhecido, rosto
de quem, fora a licença poética,
rosto não tem.

VIII
Se por acaso esta noite se extinguir
no féretro aéreo da alvorada,
tal como o dia ainda há pouco se esvaiu
na crua hemorragia de um crepúsculo,

será a comprovação esmagadora
do triunfo do real insensível
sobre os sonhos sublimes e inefáveis
dos nossos mais insignes metafísicos.

IX
Todo todo é menor que a menor parte,
muitos mundos cabem numa avelã.
Não há dia que não morra numa tarde,
nem noite que não se acabe em manhã.

VII

The afternoon's expression
is mute and austere, the expression of a man
who attends—not very closely—to the death
of someone dying slowly and quietly
who he neither knows
nor desires to know.

The face of morning
is the cold and indecipherable face
of a man who contemplates with indifference
the death of an unknown person,
one who—poetic license aside—
has no face.

VIII

If this evening is extinguished
in the aerial sarcophagus of sunrise,
as the day has just faded in the raw
hemorrhage of twilight, it would be final,

devastating proof that triumph belongs
to reality, its sad indifference,
over the sublime, ineffable dreams
of our most eminent metaphysicians.

IX

No whole is larger than its smallest parts—
myriad worlds fit in a single almond.
There is no day that doesn't die by dark,
no night which isn't over by morning.

Biodiversidade

Há maneiras mais fáceis de se expor ao ridículo,
que não requerem prática, oficina, suor.
Maneiras mais simpáticas de pagar mico
e dizer olha eu aqui, sou único, me amem por favor.

Porém há quem se preste a esse papel estúpido,
como há quem não se vexe de ler e decifrar
essas palavras bestas estrebuchando inúteis,
cágados com as quatro patas viradas pro ar.

Então essa fala esquisita, aparentemente anárquica,
de repente é mais que isso, é uma voz, talvez,
do outro lado da linha formigando de estática,
dizendo algo mais que testando, testando, um dois três,

câmbio? Quem sabe esses cascos invertidos,
incapazes de reassumir a posição natural,
não são na verdade uma outra forma de vida,
tipo um ramo alternativo do reino animal?

Biodiversity

There are easier ways to look ridiculous
that don't require much practice, craft, or study.
More pleasant ways to be humiliated
and say, hey, here I am, one of a kind. Love me.

Of course there are people better suited
to this peculiar role, as there are those willing
to read and decode long, pretentious words
like turtles with their legs upturned to the ceiling.

So might this odd vernacular, seemingly anarchic,
be more than an act; a voice perhaps, from
the other side of the line, scratchy with static,
saying something beyond *testing, testing... one*

two three? Who knows, maybe these inverted
shells, unable to take on a more natural position,
are actually another life form, a separate
lesser known branch of the animal kingdom?

Três pactos de morte

I
Como se fôssemos pássaros
voamos contra a vidraça.

Dançamos duas valsas sobre a mesa.
Roemos os ângulos dos móveis.

Copulamos em pleno vôo, depois
nos atiramos na chama da vela.

E um cheiro forte de borracha queimada
nos acompanhou até o paraíso.

II
Antes que fôssemos mumificados por completo, você descobriu uma
maneira de apodrecer tão depressa que fosse impossível até mesmo
para o mais hábil mumificador do Alto Egito.

Nossos resíduos rolaram rio abaixo e foram vistos a trinta e cinco
quilômetros do Delta, tentando desesperadamente dissolver-se na
salmoura do mar.

Estado coloidal.

III
Embora não fôssemos nem um pouco
como duas gazelas se apascentando entre as açucenas,

nem muito menos como um rebanho de cabras
que descesse as colinas de Galaad,

Three Suicide Pacts

I
We flew into the windowpane
as if we were birds.

Danced two waltzes on the tabletop.
Ate away the angles of the furniture.

We mated in full flight, then flung ourselves
into the flame of a candle.

And the potent smell of burnt rubber
accompanied us to paradise.

II
Before we were completely mummified, you discovered a way to rot
so quickly it made the process impossible for even the most able
embalmer of Ancient Egypt.

Our residues rolled along the riverbed and were seen thirty-five
kilometers from the Delta, desperately trying to dissolve in the
brine of the ocean.

Semi-liquid state.

III
Although we weren't even a little
like two gazelles grazing on amaryllis,

and even less like a herd of goats
coming down the hills of Gilead,

nem por isso merecíamos ser confortados,
em vez de com bálsamos e maçãs,

com meio vidro de formicida cada um
num quarto de hotel barato em Cafarnaum.

we still should have been satisfied
with apples—instead of soda bottles

laced with cyanide in a sleazy room,
the cheapest motel in Capernaum.

Materiais

A utilidade da pedra:
fazer um muro ao redor
do que não dá para amar

nem destruir.

A utilidade do gelo:
apaga tudo que arde
ou pelo menos disfarça.

A utilidade do tempo:
o silêncio.

Materials

The purpose of stone:
to build a wall around
what can neither be loved

nor destroyed.

The purpose of ice:
to extinguish everything that burns
or at least pretends to.

The purpose of time:
silence.

Dois noturnos, I

A noite é cuidadosa com seus cúmplices.
Enorme prostituta complacente,
acolhe toda insônia e compreende
todo o postiço, todo o falso e dúplice.
Abraço o pássaro assustado e arisco
dessa hora de máscaras agudas.
Meu gesto limpo, que ninguém escuta,
se esgota sem alarde, sem perigo.
O escuro é bom. Dispo o desejo e os óculos,
cuspo as palavras claras: maravilha,
identidade, lucidez, vigília,
abrasador. Sou mudo, nu, ilógico.
A noite aceita esse meu ser noturno,
inverso, íncubo, e goza. Eu durmo.

Sonnet

Night is careful with its accomplices.
Like an enormous complacent courtesan
it welcomes insomnia and understands
all kinds of urges, every sort of fraudulence.
I embrace the taciturn, panicky bird
of this hour with its strange masks.
My gestures are seen by no one, ask
nothing, and tire without bravado, unheard.
Darkness is a fine thing. Stripped of desire
and my glasses, I spit out words with clarity:
perilous, vigilant, miracle, barbarity,
ablaze. I am left mute, illogical, and tired.
Night takes on my nocturnal self, its needs,
incubus, inverted, and peaks. And I sleep.

Pessoana

Quando não sei o que sinto
sei que o que sinto é o que sou.
Só o que não meço não minto.

Mas tão logo identifico
o não-lugar onde estou
decido que ali não fico,

pois onde me delimito
já não sou mais o que sou
mas tão-somente me imito.

De ponto a ponto rabisco
o mapa de onde não vou,
ligando de risco em risco

meus equívocos favoritos,
até que tudo que sou
é um acúmulo de escritos,

penetrável labirinto
em cujo centro não estou
mas apenas me pressinto

mero signo, simples mito.

Persona

When I'm not certain what I feel
I know that feeling's what I am.
What you don't measure you can't annul.

Yet as soon as I've determined
the particular nowhere I am,
I swiftly change the verdict,

for once I set limitations
I'm no longer what I am
so much as a self-imitation.

And line by line I draw
a map of where I'm not,
connecting every flaw,

one favorite to the next,
till all I've become
is an accumulation of text,

this penetrable labyrinth
in whose center I am
suspect, but ultimately absent—

a mere sign, simple myth.

Um pouco de Strauss

Não escreva versos íntimos, sinceros,
como quem mete o dedo na nariz.
Lá dentro não há nada que compense
todo esse trabalho de perfuratriz,
só muco e lero-lero.

Não faça poesias melodiosas
e frágeis como essas caixinhas de música
que tocam a "Valsa do Imperador".
É sempre a mesma lengalenga estúpida,
sentimental, melosa.

Esquece o eu, esse negócio escroto
e pegajoso, esse mal sem remédio
que suga todo e não dá nada em troca
além de solidão e tédio:
escreve para outros.

Mas se de tudo que há no vasto mundo
so gostas mesmo é dessa coisa falsa
que se disfarça fingindo se expressar,
então enfia o dedo no nariz, bem fundo,
e escreve, escreve até estourar. E tome valsa.

A Bit of Strauss

Don't write intimate, sincere poetry,
like someone with a finger up his nose.
Nothing's in there to compensate
for all that drilling you know,
only mucus, chitchat, and sophistry.

Don't make fragile, melodious
poems like those little music boxes
that play "Emperor's Waltz."
And that same rigmarole, always,
sentimental and full of schmaltz.

Forget the "I," this vile, sticky
business, this evil without antidote
that sucks up everything and cedes
nothing but boredom and loneliness:
write for others.

But if—of all there is on the vast planet—
you only relish this one thing, false,
disguised, pretending to be expression,
then put your finger up your nose, way in,
write till it explodes. Bury yourself in waltzes.

Barcarola

Eu e (você) andando
, de mãos emprestadas, quase pelas ruas,
sem olhar pra cima nem pros lados nem pra frente,
porém em direção ao Futuro. Ou ao Eterno. Ou ainda: ao Sublime.

Ou coisa que o valha, ou qualquer coisa
que não valha nada,

eu e (você)
, nós dois, na noite quase escura,
pulando pelos paralelepípedos da rua asfaltada
brincando de amarelinha sem linhas nem pedra,
saltando por cima das regras, sem ligar a mínima,

eu e "você", sem fôlego, sem direção,
furando sinais, cruzando fora das faixas,
comprando coisas em lojas fechadas
na parte mais feia da cidade
temporariamente morta,

eu e "(você)", sem tempo, sem horário, sem
pressa nem propósito,
cortando a vitrine com o diamante do anel que
estamos tentando de roubar da vitrine
que estamos cortando
com o diamante do anel que ainda vamos roubar

eu e quase você, bêbados, desbundados, tontos de sono,
prostrados na praia artificial
polindo na areia plástica
a pedra do anel que a gente ia roubar
contando as estrelas que o dia já apagou
a sol nascer ás avessas
esperando o barco.

Barcarole

(You) and I roaming
, our hands on loan to one another, almost
through the streets, without looking above or to the sides,
or even ahead, in the direction of the Future.
Or the Eternal. Or even: the Sublime.

Or whatever that means, if it means
anything at all,

(you) and I
, the two of us, in the quasidark,
skipping along the smooth asphalt of the unpaved street
playing hopscotch without chalk marks or stones,
jumping, heedless, right over the rules.

"you" and I, out of breath, directionless,
plunging through traffic lights, jaywalking across the road,
buying things in closed-up shops
in the ugliest part of the city
temporarily dead.

"(You)" and I, without time, without a schedule, without
any hurry or purpose,
cutting into the glass of the store window with the diamond
of the ring we're trying to steal from the window
that we're cutting with the diamond
that we're still going to steal

almost you, and I, drunk, stoned, and out of control,
prostrate on the artificial beach,
polishing on the plastic sand
the diamond of the ring we were going to steal,
counting the stars daylight has already rubbed out
watching the sun rise in reverse,
waiting for the ship to come in.

— Ó , lá vem lá o barco!
O barco.

— Ah and there, there it comes!
the ship.

Queima de arquivo

Houve um tempo em que eu amava
em cada corpo o reflexo
do que eu querria ter sido.
No fundo do sexo eu buscava
o meu desejo perdido.

Acabei achando o outro
Que em mim mesmo destruí.
Foi fácil reconhecê-lo:
De tudo que vi em seu rosto
somente o ódio era belo.

Esse morto adolescente
implacável e virginal
não me perdoa a desfeita.
Não faz mal. Eu sigo em frente.
Nem tudo que fui se aproveita.

Getting Rid of the Witness

There was a time when I would love
in every stranger's body and reflection
what I wanted to have been.
In the throes of sex, I strove
for my own lost craving.

Eventually I found that other
I had destroyed in myself.
It was easy to recognize him:
of all I saw on his face to smother,
only the hate seemed exquisite.

This dead adolescent
disgruntled and virginal
doesn't forgive me this abuse.
It's just as well: one has to live in the present.
Some past selves must remain unused.

Sete estudos para mão esquerda

I
Não é assim: os dias claros, noites límpidas,
cada gaveta satisfeita em seu lugar,
e a consciência administrando tudo isso—

Nada é assim. Nada é tão bom. Na hora H
algum detalhe escapa, talvez uma vírgula
fatal, ou falta o risco no meio do A,

e o mundo vira um caos de músculo e metal.
Ou então o dia até que cumpre sua rotina
sem aporias nem contradições, mas mal
a noite desce as velhas dúvidas cretinas

levam de volta ao estribilho inicial,
ao X do problema: as coisas fora de esquadro,
o desajuste entre o desejo e o vegetal
da consciência, complacente, amputada.

II
Nenhuma lição nesta paisagem
que não o fartamente conhecido:
as coisas nos lugares, engrenagens

do estar-em-si, do tudo-é-relativo,
etc. A mesma grafitagem
inconseqüentre de sempre: rabisco

logo existo.—O mundo segue opaco,
imune à consciência e seus lampejos
de lógica, sua falta de tato,
sua avidez, seus deuses e desejos.

Studies for the Left Hand

I
It isn't like that: the days clear, nights limpid,
every drawer content in its slot,
and consciousness administrating all of it—

Nothing is like that, not that good. A detail escapes
at the last minute, a lethal comma maybe,
or a stroke missing through the middle of an A,

and the world turns into a chaos of muscle and metal.
Yet day performs well enough perhaps, fulfills its duties
without any qualms, at least until night settles,
carrying with it the same old fatuous doubts

that take you back to the original chorus,
the X of the problem: things off-kilter,
the conflict between desire and the porous
bread of conscience, complacent, sliced apart.

II
There's no lesson in this landscape
beyond the all-too-familiar one:
everything in its place, the gears, brakes

set for being-as-it-is, for what-isn't-relative,
etcetera. The same incongruous
graffiti-isms of always: I scribble,

therefore I am. —The world remains opaque,
immune to consciousness and its flickers
of logic, its awkward lack of restraint,
its greed, gods and pleasures.

(Aqui termina o sonho. Fim das névoas,
caramelos e almofadas formidáveis.
Daqui pra frente, as portas sem remédio
e todas as maças assassinadas.)

(Here the dream ends. No more fog,
plush pillows, or softened caramels.
From here on in: only irrevocable doors
and all the apples slaughtered.)

Mantra

Tudo era muito grande e longer.

O tempo era uma lagarta enorme
sem patas. Era sempre agora.

As coisas surgiam e sumiam
assim. As coisas eram gozadas.

Cada coisa tinha um nome.
O nome explicava tudo.
Ter nome era o mundo.

E quando a luz se apagava
e o olho grande e cego
das coisas se abria sobre mim,

eu rezava o nome de coisa,
o nome, o nome, o nomre,
até que ficasse vazio.

E a coisa mais que depressa
fechava o olho e dormia.

Mantra

Everything was huge and far away.

Time was an enormous lizard
with no legs. It was always now.

Things would suddenly appear and vanish
just like that. Things were strange.

And each thing had its name.
The name explained everything.
To have a name was the world.

And when the light went out
and the big blind eye
of things opened over me,

I repeated the name of the thing,
the name, the name, the name,
until it stood empty.

And the thing, quick as lightning,
closed its eye and slept.

Acknowledgments

Grateful acknowledgment is made to the PEN Translation Fund for supporting this project and to the editors of journals where these translations appeared, sometimes in different form and under different titles:

Another Chicago Magazine: "In Praise of Evil" and "Scherzo";
Aufgabe: "Bacchanal";
Chattahoochee Review: "Persona," "White Nights," and "A Group of Us";
Circumference: "Acrobat";
eXchanges: "Biodiversity" and "Theogony";
Hayden's Ferry Review: "Falange";
Mid American Review: "The Snake Charmer," "Pastoral," "Bone of Contention," "Sonnet," "Fable Without a Moral," "Mantra," "Lullaby," and "Five-Finger Exercises";
Poetry Wales: "Bonbonnière" and "Falange";
Rattapallax: "Evening," "Minor Epiphany" and "Trompe l'oeil";
Small Spiral Notebook: "Nocturne" and "On High."

About the Author

Paulo Henriques Britto was born in Rio de Janeiro in 1951. His third collection of poems, *Trovar Claro*, received Brazil's equivalent of the National Book Award from the Biblioteca Nacional, and his fourth book, *Macau*, won one of Brazil's most prestigious awards, the Portugal Telecom Prize. In 2005, he published his first short story collection, *Paraísos artificiais*.

Britto is also one of Brazil's principal translators of British and American literature, and received the National Library Foundation's prize for his 1995 translation of E. L. Doctorow's *The Waterworks*. His other translations include works by Henry James, V. S. Naipaul, Thomas Pynchon, Wallace Stevens, and Elizabeth Bishop's poems about Brazil. He currently teaches at the Catholic University of Rio de Janeiro.

About the Translator

Idra Novey is the author of *The Next Country*, winner of a 2005 Poetry Society of America Chapbook Fellowship. Her poems appear in *The Paris Review*, *Ploughshares*, *The Literary Review*, and the poetry anthology *Third Rail* (Simon & Schuster, 2007). A graduate of Columbia University's School of the Arts, she has taught writing at Columbia and at the Catholic University of Chile in Valparaíso. She received a PEN Translation Fund Award for her translations of Paulo Henriques Britto.

The Lannan Translations Selection Series

Ljuba Merlina Bortolani, *The Siege*

Olga Orozco, *Engravings Torn from Insomnia*

Gérard Martin, *The Hiddenness of the World*

Fadhil Al-Azzawi, *Miracle Maker*

Sándor Csoóri, *Before and After the Fall: New Poems*

Francisca Aguirre, *Ithaca*

Jean-Michel Maulpoix, *A Matter of Blue*

Willow, Wine, Mirror, Moon: Women's Poems from Tang China

Felipe Benítez Reyes, *Probable Lives*

Ko Un, *Flowers of a Moment*

Paulo Henriques Britto, *The Clean Shirt of It*

For more on the Lannan Translations Selection Series
visit our Web site:
www.boaeditions.org